臺灣年俗

撰文　邱德宏

圖繪　王灝

舞文弄墨相結緣

人與人的相識是一種奇妙的緣分，而每一次的結緣都是值得記錄的。臺灣年俗這一本書正是我和邱德宏相互結緣的一種記錄，就讓這一本書去與更多的朋友結更多的緣吧

王灝題於戊寅秋

AWEN

邱序

情繫年俗　戀念年味

邱德宏

歷史總是在世代交替中呈現不同的風貌，生命也在不同的歲月裡烙下不同的深痕。隨著歷史的遞嬗與生命的流轉，並非每個人都會對過去的事物或情事加以留念或眷戀的，似乎愈是離我們最貼近的愈是容易被淡忘或遺忘；愈是與我們愈親近的，總會在「不以爲然」的疏忽下被糟蹋或失傳，而一味地追逐炫目新潮的西方文化。

我一直對這種「捨近求遠」的價值觀感到納悶，到底，從過去活過來的人，究竟是以何種態度在面對他們的生命，曾經有過的事與物，難道就如此這般的難以留下任何刻痕？生活即生命，眞正的生命豈如「船過水無痕」那樣瀟灑，不留痕跡，沒有記憶。我對此感到不可思議，人們生活的定位在哪裡？難道眞的就是利祿功名的追求，物慾新潮的貪圖嗎？

當我在感嘆與留存往日的民間風俗情事之際，卻被投以異樣的眼光，甚至被部分人輕忽的說道：那又沒什麼！誰不知道。是的，我做的事就現代的眼光來看確實沒什麼？但殊不知，如果人人都以爲你知我知大家都知道的情況下，不以圖繪、攝影、文字或其他較具體的方式來留住時空下的風采，久而久之，不是記憶不深，就是已被遺忘，如此，歷史何在？生命何在？難道新潮

圖繪作者—王灝

本名王萬富，一九四六年出生於埔里鎮茄苳腳，中國文化大學中文系畢業，曾任職南投縣埔里鎮大成國中教師。加盟大地詩社、詩脈詩社同仁，現爲南投縣美術學會、眉之溪畫會會員，鄉土藝文工作者、大埔城藝文工作室負責人，並擔任藝文等相關領域競賽之評審，舉辦過多次水彩、水墨畫展，各類詩體之作、散文、詩評、文評及插圖畫作發表於各大報章刊物。出版有《鄉情篇》、《一葉心情》、《大埔城記事》、《成長的喜悅》、《婚嫁的故事》、《臺灣早期童玩野趣》、《市井圖》、《探索集》、《南投山水歌》、《我們都是這樣長大的》、《詩情王灝》、…等書。

撰文作者—邱德宏

一九七三年生，苗栗通霄人，文化大學政治系畢業，國立暨南國際大學公共行政與政策研究所碩士，現爲財團法人苗栗縣文化基金會董事、臺灣美術文化交流協會常務監事、宏璧文化志業創意總監、二郎房字庫研磨負責人。自大學時期起，陸續在《聯合報》、《中國時報》、《自由時報》、《蘋果日報》發表政論文章，並撰文記錄臺灣鄉土藝術工作者、採集本土文化風情，及臺灣老行業，發表於《聯合報》鄉情版、《中國時報》浮世繪版及《自由時報》副刊版。著有《臺灣年俗》、《臺灣凡夫俗子寫眞集》、《誰偷走了馬路上的柏油》、《跟你說悄悄畫》。

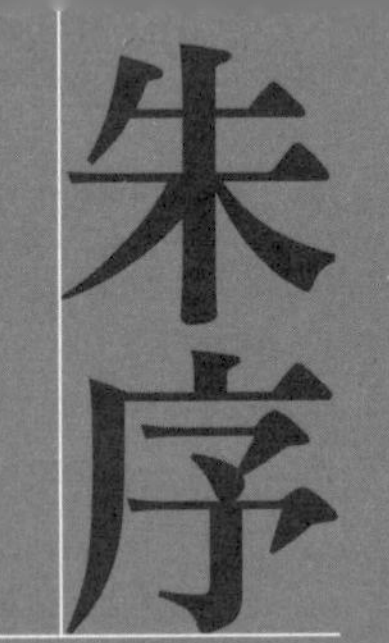

朱序

這本《臺灣年俗》很容易讓人引起童年的回憶，舊事都快忘光了，尤其現代的年輕人更不明白何爲年俗，像我這個都六十幾的人也只有回憶。

記得小時候過年很好玩，很有趣，現在的過年，只有看電視才有過年的氣氛。

這本年俗很有價値，把快被遺忘的習俗記錄下來，値得喝彩。

尤其配合了王畫家插畫更能顯得生動、活潑，是一本好書。

朱銘

文化就眞能汰換，或取代固有的良風善俗與醇美的傳統文化嗎？

所以，身爲後代子孫的一分子，如無前人的文化資產爲根基，任何的成就都不足以落實在歷史的脈流裡而不滅。

想想，在臺灣深層的文化系絡下，有的風情俗物是那麼値得我們去珍藏原貌和還於原味，畢竟，傳統的事與物終究是潛存著後代所難以臨摹的氣質，散發著樸拙萬象的風格，更是新潮文化所難以比擬的，而歷久彌新更證明了傳統事物的生命力及可貴性。

在臺灣的風情俗物中，年俗的成型是臺灣最根柢的生命力，因爲臺灣人向來是最重視過年的民族，過新年的記憶，大家都有，而且並不陌生。但曾幾何時，年味卻愈來愈淡了，新年對忙碌的現代人來說，已不那麼重要，也因此過去講

究的年俗更令我們懷念與珍惜。也許，縱使再如何強調新年的可愛，也難重回往日過新年的熱絡景象，但人總得有些許的懷舊之情，生命也才能更踏實。

一九九七年，我結識了引領南投縣大埔里地區藝文造鎮運動十多載的火車頭——王灝老師，由於他對鄉土文化的執著與用心，再加上他個人文學造詣與人生修爲的深耕，使得他的畫作雖然沒有鋪陳出精緻的線條與唯美的格局，卻能讓人很透徹地感受到鄉土的草根性與本土的生命力。不論是臺灣早期童玩童戲的勾勒，或者是世俗人生哲理的具呈，他確實眞誠地從三、四十年代活過來，活得質樸、活得古意，活得讓畫作蘊含著當代人再怎麼樣也難以套換的氣質，這無疑是他畫作內涵最勾人心扉的魅力。

而在九八年新春，王老師辦了「年畫」新

展，我深深被畫作所感動，然而，感動之餘，內心卻也興起爲畫作整理出文字的念頭，眞心的想用畫與文字，把年俗留下，並期盼能帶給一般大衆基本而又有趣的認識和瞭解。

很榮幸的，王老師沒有拒絕我爲他的畫作進行文字部分的整理，並且給予我必要的指導，就因得到王老師的眷顧，所以這本臺灣年俗風情的圖文集才能在短時間裡完成。本來畫只有十九幅，包括吃尾牙、祭灶、送神、清黗、賣春聯、挨粿、做粿、炊粿、貼春聯、煮長年菜、疊柑塔、圍爐、跳火盆、行香、拜正、歕春、年戲、回外家、拜天公等等經典的風情民俗。後來，由於要讓畫作的呈現更完整，特請王老師再補繪十一幅圖，而我也塡上了文字，包括食頭牙、飯春花、辦年貨、結綵、分壓歲錢、博三叩、開正、放鞭炮、食春酒、初五隔開、元宵暝等較細部，

王序

重溫舊年味

王灝

（一）

「過年愈來愈沒有氣氛了！」這是很多人對現代過年一致的看法及感想，尤其是曾經經歷過早期過年熱鬧氣氛的人，他們的感嘆會更深，對現代的年也就會覺得一年不如一年，而大感無趣了。

爲什麼現代的年味會大不如前呢？主要的原

甚至是更詳細的相對性補充。像其中的食頭牙，儘管並不屬於歲末年終的行儀，但爲了與吃尾牙呼應，我們也將它納入本書中。

三十篇緊扣著歲末年終和新正期間，緊湊而動態的圖文，其中，有的已被改良、有的已不復存在、有的甚至是多數人未曾聽聞的。但不管爲何，畫中深藏的典故，我都盡其所能的力求本土正統意旨的定位，相信一本用「心」彙整的圖文集是值得讓人細細品味的。

本書希望能夠在畫與字的對話中，蔓延無盡的回憶與記憶，讓王老師的情愫與我的感動，能夠更深入的進駐臺灣人的心中，而不再只是似懂非懂，或存在著有點印象卻又常有說不上來的感覺，讓我們都能同繫年俗、共戀年味，延續傳統年俗生命的無限性。

因是現代是工商業時代，這個時代的人不再有閒情去經營一年一度的過年氣氛，也不再有閒情逸致去咀嚼品賞年味的溫存，凡事只求速成，連過年也變得只求應付，因此一些跟過年相關的事，也都變成虛應的故事，年節時的應景食品：甜粿、發粿、菜頭粿，用錢到市場買就有了，過年貼的春聯，更都是千篇一律，盡是肆衢中買來的印刷品。即或是大年夜的圍爐，聽說也有人到大飯店去度過，一家大小到大飯店去聚餐圍食，同時在豪華的飯店度過大年夜。

這種改良式的過年型態，可能是因應越來越忙碌、人際關係越來越疏淡的現代社會，不得不然的一種變革與更迭吧！但是這種改良式的年，卻也失去了本來涵蘊文化內容及傳統色彩的年味及意義。

因此重溫舊年味，也就成爲很多人心中的一

種想望，而這種想望，在未來的歲月中，可能只是永遠無法達成的一種夢想罷了。因爲時代是向前走的，而習俗也將是伴隨著時代而改變的，將來我們可能只能在舊文獻、舊照片甚或是舊圖繪中去溫習眞正傳統而有情味的年景及習俗了。

重溫舊年味，是很多經歷舊世代的人們心中殷切的一種想望，對年輕一代，可能這樣的想望不會很深，因爲他們的生活記憶中，有關舊年俗的經驗不是很深刻，因此他們對舊年味之疏淡、不以爲意也就成了必然的事。

但是有衆多新世代的年輕人中，卻也有一些異類，對舊有事物，別有一種愛戀，這其中畢業於國立暨南國際大學公共行政與政策研究所的邱德宏先生，可以說是最具代表性的人物之一，他於研究所課業攻讀之餘暇，熱衷於鄉土風習及民俗物事的採集、報導，一九九七年我和他相識，

同時有緣合作進行一次小規模臺灣年俗的記錄，透過他的文筆及我的畫筆，我們爲舊日臺灣年俗留下了一些精簡的文字及圖像的資料，這些文字及圖像所要表達的，或許只是我們對臺灣鄉土的一份深情，但願讀者們能夠喜歡。

（二）

民間年節活動，可以說是最能彰顯常民文化及民間藝術風采的活動，有時候更是民間生活哲學及音樂美術的綜合展現。所以屬於民間節慶的活動，也可以視之爲一種文化的資產，備具珍貴性。

雖然隨時間的嬗遞，有一些節慶活動，已經失去了它的時代性。但是如果因此而任其消失湮滅，則是一種文化的損失，因此如何去記錄、去修正，讓它與時代脈動相應合、相符配，是值得

嘗試的一件事。唯其如此，才能讓老節日增加新的趣味、新的溫情。基於這樣的一種心情，因此在一九九七年底，我開始進行這一系列臺灣年俗的圖繪工作。

感謝年輕的文字工作者邱德宏，爲這些圖繪撰寫精彩的篇章，讓圖繪所無法表達的深層民俗趣味及節慶風習，能更完整而清晰的呈現出來。

但願這一本作品，大家能夠喜歡。

目次

附錄

食尾牙

農曆十二月十六日稱「尾牙」，相對於農曆二月初二的「頭牙」，本省商人統稱「做牙」（打牙祭），而有些地方則稱「吃犒勞」。

由於每月的初二和十六兩天是土地公的祭日，再加上人們總是相信，只要奉祀土地公，就會風調雨順、國泰民安、農產豐收，尤其是商家更將祂視為守護神。因此，二月初二是一年中的第一次做牙，所以稱為「頭牙」，同時也是土地

公的誕生日，所以，只要是以供奉福德正神爲主神的土地公廟，當天廟地四周都會張燈結綵，來舉行福德正神（土地公）的祭典，並在廟前有「做戲」❶的禮數。至於一般信徒，則以供牲醴、點香燭的方式來祭典參拜；而十二月十六日相對的是一年中的最後一次做牙，所以才稱爲「尾牙」。

農曆十二月十六日尾牙當天，一方面，商家和農家要向神上供禮祭拜；另一方面，老闆們也要在此日犒勞伙計和僕婢；也就是說土地公向來是商家的守護神，於是，信仰福德正神的各戶人家，總是會人牲禮來祭拜土地公，以保佑商舖能夠新年利市，所以，大致上也都比一般住家來得更盛大，且牲醴中也一定要用「雄雞」，以象徵生意昌盛之意。

在祭拜完土地公之後，又必須在家門口以

❶做戲，也就是廟方或爐主雇請歌仔戲班或布袋戲班，在廟前搬演戲碼供人觀賞，甚至於也有電子琴花車的清涼豔舞秀。

「五味碗」㊁來祭拜「地基主」㊂，再燒點經衣㊃、銀紙㊄。

當天一般住戶都會團圓在一起吃尾牙，而商家也會在晚間大辦宴席，以犒勞員工一年來的辛勞與付出。但對員工來說，這天卻也是他們心情最低迷的一天，因爲，老闆通常都會在當晚決定來年的雇用人選，也就是對員工做出解僱、續僱或加薪等不一的決定。就一般的習慣來說，只要是宴席間雞頭朝向誰，就表示已被老闆解僱了，俗語說：「吃頭牙撚嘴鬚、吃尾牙面憂憂」，何以吃尾牙會面憂憂，就是這種原因使然，後來，這種在尾牙的宴席上決定員工工作權益的作法，已十分少見了。

㊁ 五味碗，也就是盛有不同日常菜飯類的供碗。

㊂ 俗信居家四面八方或居家之地，原都會有無形的鬼神，稱之為地基主，為尊重這些無形的鬼神，人們便會上供撚香祭拜，以祈求衛家護主。

㊃ 經衣，意即「奉獻衣裳、鞋帽」。（《臺灣風俗誌》，片岡嚴著、陳金田譯，民七十九：頁一一二）

㊄ 銀紙為祭祖先及喪葬，或祭幽鬼、無緣孤魂用，有三六銀、二五銀、大箔透、中箔透、小箔透之別。其中祭祖先用三六銀、大箔透、中箔透、小箔透；祭幽鬼、孤魂用二五銀、小金箔。（《臺灣風俗誌》，片岡嚴著、陳金田譯，民七十九：頁一一二）

食尾牙
二〇〇八年歲次戊子
王灝寫

「灶」是祖先懂得用火以後，爲了生火燒煮食物所應運而生的設備。由於臺灣民間自古以來就是一個多神的社會，只要是人們執著崇敬的事物，都可能被奉祀爲神明來祭拜，也深信世間萬物各有專司的神祇在掌管，自然而然地，位於廚房內的灶，也不例外地被信以爲有灶神的存在。

灶神又稱「司命」、「灶君」、「灶主」等，俗稱灶王爺。傳說中，最初的灶神是身穿紅

衣的美麗女子，因此又俗稱灶神爲「灶神娘娘」或「灶王奶奶」。後來，在父權社會的觀念影響下，女性灶神的說法，便由男性灶神之說所取代。

灶神，起初只是職掌灶火、飲食的神祇，然而，隨著時代的變遷，歲時常民文化也跟著在改變，也就是說灶神的權力範圍更是不斷地在擴大，最後與司管命運的神祇，合二爲一，從此灶神由主管火的神變成了「一家之主」的監察神。

除了司管灶火外，主要仍是在考察所在的一家人，他們的善惡功過，且灶神會在一定的時間後，上天奏報天帝，天帝會以灶神所言，作爲降福或降災給所在人家的憑據，可說是掌握著人們的吉凶禍福。

臘月二十三日是祭灶送神之日，有些地方舊習俗則是二十四日，俗稱「過小年夜」，十日後

又重回所駐之戶。

在祭灶送神時，由於人們敬畏灶神回天宮時會對天帝提出不利於己的報告，便以種種的方法來對灶神獻媚籠賂，所以就以酒果祀神，並貼灶馬於灶上，且以酒糟塗抹灶門來醺醉灶神，有討好賄賂之意。

而「灶馬」也就是木板彩印的灶神畫像，身著天宮官服，身邊有「灶王奶奶」相伴，兩旁有一副「上天言好事，回宮降吉祥」或「上天言好事，下界保平安」的對聯。

再者，供品則多爲甜圓仔、米餌、糖豆粥，及用麥芽糖製成瓜的「餳糖」等既甜又黏牙的供品，目的是爲了甜神君的嘴巴，多說好話；另外，黏神君的嘴巴，讓祂張不開則難說壞話了。因此，祭灶象徵著就是祈求降福免災之意。

祭灶

二〇〇八年
歲次戊子
王灝寫

農曆十二月二十四日是百神上天述職的日子，亦即所謂的「送神」日。

民間俗信，人們的所作所爲都受到玉皇大帝派到凡間來的衆神明所監視，所以，凡間所有寺廟的佛神及各家大廳中所敬奉的一切神明，每年都要升天回天庭一次，把一年中凡間人們的行爲善惡，誰做了好事、誰做了壞事，向天上的玉皇大帝提出報告，玉皇大帝便根據百神的報告給予

人們應得的禍或福。

在送神日當天，從一大早開始，家家戶戶會忙著送神的行事。送神時，大多以四果及牲醴敬奉百神，並且要燒金銀紙❶、燃放鞭炮，有的則將馬和轎的圖畫拓印在黃紙上，製成所謂的「神馬」來焚燒。相傳燒化甲馬，是因爲百神上天時，總是爭先恐後、互相排擠，所以燒甲馬作爲諸神上天的交通工具，供其乘坐。又相傳送神是愈早愈好，接神是愈慢愈好，即「送神早，接神遲」。再者亦有「送神風，接神雨」之說，也就是希望諸神升天之時會有風來助其順利回到宮庭中，而在正月四日接神日當天如有下雨，就代表著諸神已降凡間❷。

這天，親友間爲表示歲暮的到來，還有「送年」的禮俗。另外，由於服喪人家不能自己製做年糕，所以也必須由親友贈送❸。這就是送神之日的涵義與儀式。

---

❶金銀紙的原紙稱粗紙，依製品的大小切作方形，中央粘貼金銀箔。粘貼金箔者為金紙，粘貼銀箔者則稱作銀紙。金紙包括大太極、大才子、天金、九金、大（小）壽金、刈金、福金、中金，及印有叩謝神恩的盆金。金紙為祭神（城隍爺、天上聖母、保生大帝、孔子、關帝等）、佛（觀音佛祖、祖師爺等）用。其中祭天公、三界公用大太極、大才子、天金、中金；祭神佛或土地公用壽金；祭土地公一般又以福金為主；謝神用盆金。銀紙則參閱頁二十註❺。再者，臺灣人祭神時，習慣焚香燒金銀紙，以為金銀紙的煙升天後，會化為神佛的財物。（《臺灣風俗誌》，片岡嚴著、陳金田譯，民七十九：頁一一二）

㊁《臺灣民俗》吳瀛濤著，民八十一：頁三十三。

㊂《臺灣舊慣習俗信仰》，鈴木清一郎著、馮作民譯，民七十八：頁六四八。

清黗●

農曆十二月二十四日爲「清黗」之日，也就是大掃除的日子。「清黗」又稱「筅黗掃」或「掃房」，即清掃油煙之意，也就是每戶人家在送神後，趁百神升天述職不在期間，家中舉行大清掃。

本省人深信房屋的裡裡外外和一切的家具上面都有神的存在，而且俗信諸神神位平日不能隨便移動，如果隨意胡亂移動加以清掃，就會觸犯

●音ㄊㄨㄣˊ。

神靈遭致生病的懲處。因此，為了免於觸犯此禁忌，只有在諸神升天之後，凡間的神明都不在家時，藉著這個機會來一次年終的大掃除，就不會觸怒神明了，是基於迷信觀念所致。

再者，奉置神像或奉置祖先牌位之處，也會趁此時加以清潔一番，含有掃除家中一切霉氣之意，並且又因新年將至，全家大掃除一番亦含有迎接新春的意思。

但相傳此年中，家有不幸者，不舉行送神，又禁忌清黗，不然俗信將對死人作祟，或謂「黑煙黗」將入故人之眼中㊂。

㊂《臺灣民俗》，吳瀛濤著，民八十一：頁三十三。

清黗
二〇〇八年
歲次戊子
王灝寫
三陽春有兆
百世澤長流

臺灣人在過新年時都有貼春聯的習慣，因此，大約每年的農曆十二月二十四日起，甚至更早，街上就會有賣春聯的人出現。

有的攤位賣的是直接向公司批買的現成、統一規格及固定幾種辭句的春聯；有的則是書法家當場依買客的意思，裁紙、造辭對句、揮毫。一般文句都隨用途的不同而有所不同，針對每家每戶的店號、職業或住家，在紅紙上寫些吉祥話。

少許人家的春聯，每年都會有熟識的人幫忙書寫饋贈，有的則由自家人自己揮毫製作，其餘的人家所需的春聯，則大多要花點錢向賣春聯的人來購買。之後，家家戶戶都會將春聯貼在大門和房間以及屋裡屋外各處，例如：門楣正廳、門扉、飯桶、菜廚、米缸……，貼一些福祿壽、山珍海味、五穀豐登的字樣，及各色花樣的剪紙、五彩福符，如黃金萬兩、招財進寶等春聯文字。

就連家畜住所，牛圈、雞稠、豬舍……等等，也都要貼一些「六畜興旺」的吉祥春聯，這些春聯文字吉祥又富詩情雅意，最能象徵新春氣象，另在門楣中央貼五彩紙條意在迎福，諸如此種種爲的都是在迎接新正的到來。

對於喪家而言，在三年的喪期內，都不得貼紅色的春聯。如果死者是男性就用藍紙寫春聯，反之是女性則用黃紙，但此種舊俗已很少有人

遵循，一般的喪家則乾脆不貼春聯。還有從死亡到殮殯期間，也都不得更換春聯，而是用細長的白紙條，斜貼在以前貼春聯的地方，表示此家人正處服喪期[一]。

至於寺廟的門柱在新正期間也都要貼春聯，用紅紙封閉門扉禁止出入，以示神已升天不在廟中，因而沒有開廟門的必要[二]。

[一]《臺灣舊慣習俗信仰》，鈴木清一郎著、馮作民譯，民七十八：頁六四九。

[二]同上，頁六五一。

賣春聯

二〇〇八年歲次戊子　王灝寫

「粿」，在我國的年節應景食物及平日的生活飲食中都佔有極爲重要的地位，可說是我國傳統飲食文化極具代表性的一項，不僅因爲口味多、好吃、選擇性高，且又因「粿」一直都有其特定的吉祥意涵，所以，「粿」在飲食文化中是一不可或缺的佳餚。但「粿」的做法卻隨著時代的進步及便利的需求而有所改變，甚至於傳統的做法已面臨了失傳的可能性。

㊀ 挨，音ㄟ，推磨之意。

一般來說，過年所需的「粿」，大約都是從農曆十二月二十四日起，就開始準備，最遲也要在二十六日著手。

挨粿就是將前日已浸泡好的米與水，經由手推石磨的方式，把軟化過的米與水一同磨成米漿，以供做粿用。

米漿因粿類的不同而異，如欲製做菜頭粿、水粿仔、……，就必需用硬質的「在來米」來推磨成米漿，再用水桶直接盛接即可；但如欲做甜粿、菜包粿……，因其所用的是軟質、黏黏的「糯米」或「糯米」摻雜些許的「在來米」，就必需先用「粿袋仔」盛裝，再以「椅條仔」（長條型板凳）和扁擔夾出水分，經過翻轉夾乾後成爲米糰才可開始做粿。

每到年節，挨粿的景象是隨處可見的，但這種以上下爲一組、中有軸、上座旁有一眼嵌木柄

的石磨，將水與米放入上座頂上的一孔，靠著人工推動木柄轉動上座，米漿順著石磨上的溝槽及流嘴，沿流入「粿袋仔」的挨粿方式與景象，在一九七〇年代以後已被電動挨粿機所取代，挨粿的石磨也被當成古早民物來收藏，甚至成爲庭園的裝飾品。

挨粿

二〇〇八年歲次戊子王灝寫

做粿

臺灣舊曆年應景的粿類很多，有「甜粿」、「菜頭粿」、「發粿」、「包仔粿」等。每一種粿類都有其代表性的意義，甜粿壓年、發粿發財、菜頭粿好彩頭、包仔粿剩多金。一般在祭祀時，常把甜粿排在供品底層，發粿排在上層，上插春花，象徵吉祥之意。

過年做粿大都在農曆十二月二十四日至二十六日之間。

甜粿也就是甜年糕，以糯米磨成的米漿拌砂糖蒸熟，呈土紅色，如果混以白砂糖則呈土白色，有時並添加紅棗、紅豆、花生仁等甜料，意在喜慶。過年期間，有的則直接以油煎來吃，或裹蛋黃拌麵粉炸來吃；有的則用蒸的。但不論蒸或煎的甜粿，有的則更費功夫地一片一片的包上鹹菜當成一道菜來吃，風味更佳。

發粿，是以在來米的米漿，加入砂糖和發粉（酵素）使其發酵，蒸熟後像蛋糕，其頂端常破綻開來，且常點上一點紅紅的色素，發粿便以其蒸熟後會膨脹很大而取其名，意謂著發財，主要是爲了在過年時討個吉利。

至於菜頭粿，同樣也是用在來米磨成的米漿，再混合蘿蔔絲或蘿蔔汁蒸熟而成，菜頭諧音彩頭，以喻好彩頭之意；包仔粿就是包有豆沙餡、菜餡或肉餡，看起來像饅頭的粿類，取其包

金的吉祥之意，象徵年年都有剩餘的金錢。

隨著社會生活的愈加忙碌，很多人在過年時都不做粿了，甚至於連粿都不知如何蒸煮，一般人乾脆都到市場或超市去買現成的，因此，現代人也就少了做粿的樂趣，粿也就只是人們吃的一部分，其代表的意義爲何也就不那麼重要了。

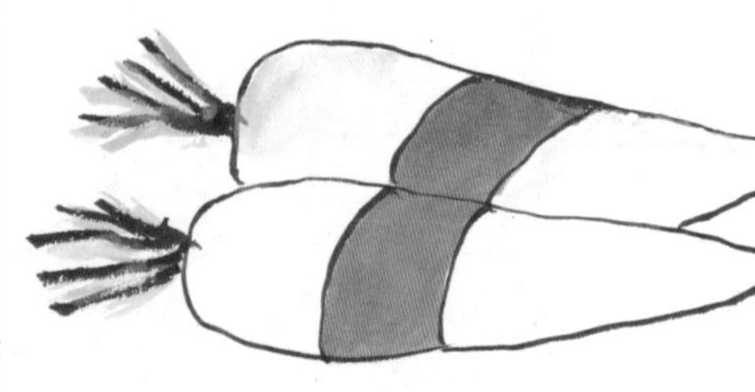

做粿
貢年歲次戊子
王灝寫

炊粿

炊粿就是蒸粿的意思。早期臺灣民間社會，家家戶戶在過年前，都會忙著挨粿、做粿、炊粿，準備迎接新年的到來。廚房裡爐灶上大鍋鼎裡滾燙的水，呼嚕作響，籠繩（蒸籠）不斷地呼呼冒煙，爲的就是要做出可口的年粿，這就是炊粿的景象。

炊粿其實也是一門很高的學問，不論是火候，或者是蒸的時間長短，都會影響到粿的口感

與美觀。一般在炊粿時，都會把待蒸的年粿或者是磨好的米漿，直接放在舖有「粿巾仔」的蒸籠蒸煮。蒸籠有竹製的也有鋁製的，有時「粿巾仔」上又有一層透明的炊粿用的膠膜紙，而且必須插「桂竹仔管」做成的一小截一小截的「粿氣」，爲的就是透氣，避免因大鍋鼎舖蓋「粿巾仔」在不透氣的情況下，粿熟時會溼溼爛爛的。

事實上，炊粿雖然費事，但它何嘗不是令人懷念的古早記憶與樂趣呢！只可惜「買粿」便利時代的來臨，炊粿的景象只能在回憶中重建，甚至於對很多人而言是必需用想像的。

另外，年糕雖然是過年時的應景食品，但是新正期間卻忌煎年糕，因爲煎年糕偶爾會煎焦，也就是「臭火焦」，焦字台語音爲「乾」，即赤貧的意思，故相傳有此禁忌。

炊粿
二〇〇八年
歲次
戊子
王灝寫

辦年貨，也就是過年前上街去採買過年期間要用的貨品。一般在農曆十二月二十五日至除夕期間，是人們置辦年貨最熱絡的時候，老老少少、大大小小攜伴前往市集的熱鬧景象，爲新年的到來增添了團圓喜氣。

有一句臺灣諺語就這麼寫著「囝仔愛年兜，大人鬧嘈嘈」，就是在形容新正前家家戶戶籌備年貨的心情，意思就是說歲末年終，又將是新的

一年的開始，小孩子們期盼新年的快快到來，而大人們除了忙著辦年貨外，還要忍受小孩們的活潑喜悅，心情眞可謂「鬧嘈嘈」的。

再者，顧祿在《清嘉錄》（一九八〇年）卷十二中有一首〈年市〉也寫道：

年夜已來，市肆販置南北雜貨，備居民歲晚人事之需，俗稱「六十日頭店」。熟食鋪，豚蹄、雞、鴨較常貨買有加。紙馬香燭鋪、預印路頭財馬，紙糊元寶，緞疋，多澆巨蠟、束名香。街坊吟賣篝燈、燈草、掛錠、灶牌、灶簾、及篳瓢、箕帚、竹筐、磁器、罐器、鮮魚、果蔬諸品不絕。鍛磨、磨刀、殺雞諸色工人，亦應時而出，喧於城市。酒肆、藥舖，各以酒糟、蒼朮、辟瘟丹之屬饋遺於主顧客，總謂之「年市」。

因此，辦年貨可說是商家和民家最忙碌的時候，不論是商家賣得歡喜，或民家買得過癮，都讓市集瀰漫著過節熱鬧的氣氛，商家賣得好、民家買得足，爲的總是希望大家都能過個好年。

貼春聯

春聯，追本溯源就是南北朝以後所稱的桃符。

桃符就是用能制百鬼的桃木板製成，上有神荼、鬱壘兩尊御兕的神像，用來驅鬼避邪。

《太平御覽》引《典術》有云：「桃者，五木之精也，故壓伏邪氣者也。桃之精生於鬼門，制百鬼，故今作桃人梗著門以壓邪氣。」再者，張說《岳州守歲》中亦有云：「桃符堪辟惡，竹

爆妙驚眠。」因故，從漢人開始有人將桃木削成神荼、鬱壘的形象，立於門上，以此衛兇，到了南北朝以後，有人就乾脆將神荼、鬱壘二名書寫在桃板、桃莂上，掛在門上，成了所謂的「桃符」。

此外，桃符型制隨朝代的不同而異，到了宋代以後，桃符的型制爲上畫狻猊（古時稱獅子的別名）之類，下書左神荼、右鬱壘的薄桃木板，長約二、三尺、寬約四、五寸。

所以，貼春聯嚴格來說是相沿自漢代立桃木於門的舊俗，此後，每至臘尾除夕，家家戶戶總把新桃換舊符，亦含有除舊佈新之意。

而春聯相傳是自五代後蜀之主孟昶於蜀亡前一年的除夕，自題「新年納餘慶，佳節賀長春」的桃符板於寢門，爲最早的源起，這種上下聯對句的桃符，實際上就是題字於木板上的春聯，這

在宋代就已開始流行了。

到了明清時的桃符，大多已是紙製春聯的古語、雅稱，相異於漢魏時書畫神荼、鬱壘的桃板，清朝《燕京歲時記》就有云：「春聯者，即古之桃符也。自入臘以後，即有文人墨客，在市肆檐下書寫春聯，以圖潤筆。祭灶之後，則漸次黏掛，千門萬戶，煥然一新。」

後來，貼春聯除了沿襲傳統的一對門聯外，又在門楣上加上長方形的「橫批」（橫楣），形成了現代的春聯型制，有的甚至還將寫有種種吉祥文字字句的紅紙春聯，方形的貼在門扇、菱形的貼在室內門楣或器具的腹部。

貼春聯
二〇〇八年歲次戊子王灝寫
天泰也泰
晉祿
富貴花
吉祥萬發親仁里

結綵

「新年到新年到，穿新衣戴新帽……」，這是新正期間人們迎接新的一年的到來，歡度年節的景象。除此之外，爲住家大掃除、除舊佈新也是新正前人們準備迎度新年常見的忙碌景致。

一般而言，在除夕夜前，人們大多會把家中各個角落清除乾淨，也會將去年的門聯清洗除去，通常人們也會在「開正」祀神拜祖的行儀開始前，換上新桃符，貼上門紅，懸上紅綢布綵、

八仙綵、或以金蔥繡成的金玉滿堂綵，廳堂裡裡外外妝點得熱熱鬧鬧的，處處盈漫著紅色的喜氣，這就是所謂的「結綵」，意味著張燈結綵喜洋洋、煥然一新迎新春。

結綵

二〇〇八年 歲次戊子 王灝寫

八、飯春花

農曆十二月二十九日或十二月三十日是臺灣俗稱的「二九暝」或「三十暝」，統稱「除夕夜」，亦即過年的起始，而二九、三十之別端視臘月大小而定，當日所有平日遠赴他鄉工作的人，除非萬不得已，都要回到自己的家鄉與家人共度新年。

因爲此日下午家家都要舉行「辭年」，也就是說在自家祠堂或住宅正廳的公媽靈前、神佛

前，堆疊柑塔，供拜三牲或五牲以及年糕不等，來祭神祀祖，焚香、燒金銀紙、行三拜九叩禮，這時最特別的就是案桌上會供上春飯。另外，還要以五味碗拜門口及地基主，再用春飯拜灶和床母。

所謂「春飯」亦稱「隔年飯」，也就是在盛有飯的小碗中插上春字的剪紙或紙花，通常要在神佛前各供三碗，在灶神前僅供一碗，這種插在春飯上的剪紙、紙花，就稱之爲「飯春花」或「春仔花」，取「春」的臺語諧音「剩」，意即「歲歲有餘糧、年年食不盡」，也就是以此來討個吉利，希望一年之中能有吃不完的餘糧。

因此，在民間流行的一首〈歲時歌〉裡就寫到：

正月正，牽新娘，出大廳；
二月二，土地公，扮老戲，
三月三，桃仔李仔，雙頭擔。
四月四，桃仔來，李仔去；
五月五，龍船鼓，滿街路；
六月六，做田人，打碌碡。
七月七，芋頭蕃薯，全全必；
八月八，牽豆藤，挽豆莢；
九月九，風箏嗚嗚哮。
十月十，三界公，來鑒納；
十一月，挨圓仔粹；
十二月，賣飯春花。

其實，「飯春花」是相當多樣的，製作起來也相當容易，它可以是花的造型或葫蘆的樣子，只要將紙剪裁成樣之後，上面寫個春字，將它黏

在香腳（香燃燒殆盡後留下人手持那一段未燃的部分）或小竹籤上就成了，但一般都以鮮艷、喜氣爲必要的要求，如此也才能符合年節的氣氛。

飯春花

二〇〇八年歲次戊子

王灝寫

「長年菜」就是正月所吃的菜，亦即「芥菜」或「無心菜」。

在除夕前一夜，將整株的芥菜用清水煮食，又稱「隔年菜」，在料理時，不去頭尾，取意有頭有尾；不加細切，取意綿綿不斷。

總而言之，就是以它來象徵長壽。吃的時候，長年菜也要一根一根先頭後尾，不能橫食，也不能嚼斷而食，這表示對父母祝壽。

同時，芥菜是臺灣民間家常的一種食用菜，有些臺灣諺語中，也常提到這種菜。所謂「六月芥菜，假有心」，是借芥菜以入諺的典型例子。臺灣年俗中，芥菜更是過年期間所不可少的一種菜餚。

除夕，煮芥菜一碗放桌上，至新正初六日「驗濕燥」，以占來歲水旱，餘菜則留待過年期間食之，曰「過年菜」。

煮長年菜

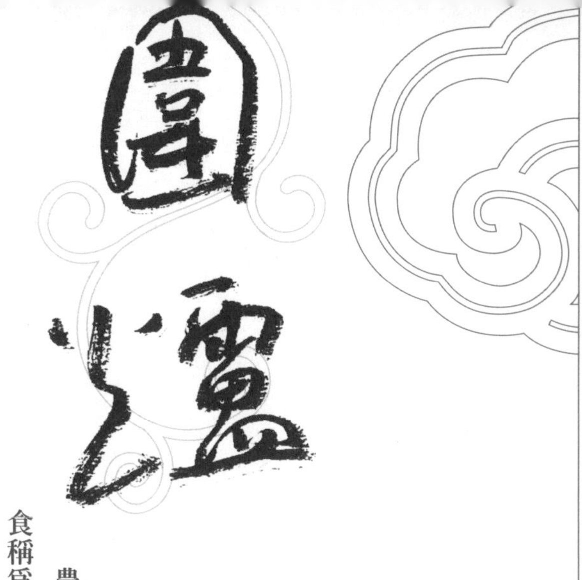

農曆十二月三十日大年夜（除夕）之辭年聚食稱爲「圍爐」，也稱之爲「吃年夜飯」，意謂著來年全家人和樂圓滿。以前圍爐時，會在桌下擺置一個燒木炭的火爐，現在則在桌面上以擺置火鍋與電磁爐來取代，不但可以驅寒，一家人圍著熱呼呼的火鍋共食的氣氛更是爲現代人所喜愛。

早期桌下的火爐四周還必需放置很多錢，一

家人不分大小主傭共同進食，有別於平日男人先吃，女人才能吃的閩南習俗，團圓共食意在吉祥。而對於家中有傭人的人家，如來年不再續僱，主人就會在這天親自以酒敬謝他過去的努力，也就是說除夕過後就不必再來上工了；如被續僱者，則必須在正月初二就來上工。

圍爐時必須使火光熊熊燃燒，表示著一家興旺隆盛，又爐邊放置的錢，是希望來年萬事如意，一般都在吃完年夜飯後，由家長把錢分給家人，必須是偶數，習慣上忌諱奇數，這就叫「分過年錢」，也就是俗稱的「分壓歲錢」。而分壓歲錢是希望家人都能將它存一點起來，象徵未來的一年荷包裡永遠有錢。

另外，年夜飯必須吃的愈慢愈好，因為這樣才能長長久久；桌面上的菜餚也大多喻有種種含意，如韭菜則取韭久同音，意喻長久；魚圓、蝦

圓、肉圓則是所謂的「三元」，有團圓之意；菜頭諧音彩頭，即有好彩頭之意；全雞取雞、家諧音，即謂食雞起家；多食油炸食物，因火炸者，象徵家運興旺。

但隨著人們平時生活的富足，使得過年時的佳餚已不再令人期待，且菜餚的含意也不那麼被人在意了，但如果我們都能多少知道一點的話，吃起飯來不是就更有趣了嗎？

圍爐
二〇〇八年歲次戊子
王灝寫
福

分壓歲錢

「分壓歲錢」亦稱「分過年錢」。也就是在以往的過年時，人們習慣在「圍爐」或稱「吃年夜飯」時，在桌底下置放一個火爐，而沿著火爐四周也會擺置很多的錢，每吃完年夜飯後，大人就會將這些錢分給家裡的大大小小，以期家人能夠在正月時將分到的「壓歲錢」存起來，象徵著在未來的一年裡，每個人的荷包都能永遠有錢。

而另一種較正式的禮俗就是，吃完年夜飯後，晚輩們要先向端坐在堂上家中最年長的大人

叩拜辭歲。在接受晚輩們的吉祥祝福後，大人才會將事先準備好的紅包分給家中晚輩。

然而之所以言之爲「壓歲錢」，可能是因爲以前的大人總會將「孔方兄」的銅幣穿編成龍形，掛於小孩的床腳或床帳上，據說可以鎮壓邪祟，因而有「壓歲錢」之名。

且在以前，大人習慣用朱繩綴百枚，取其長命百歲之意，也有人用紅線穿制錢一百二十枚，意即「吃百二」，活到一百二十歲，但是大家都知道人要活到一百多歲是多麼不簡單的事啊！所以，吃百二並不是要大家都活到一百二十歲，而是以此來象徵長壽的意思。

後來，大人乾脆就將硬幣或紙幣裝入紅包袋中，也是意在「將紅色象徵吉祥的福祉分享於家中大小成員」，習慣上，紅包內的金額必須是偶數，忌諱奇數，皆是取其吉利之意。

分壓歲錢
二〇〇八年歲次戊子
王灝寫

博三叩

除夕夜到元宵節，人們總是喜歡在這過年期間賭博，這是年節裡最常見的消遣活動之一，無論是「博麻雀（將）」、「撿紅點」、「自摸（車馬炮）」、「四色牌」、「打虎」、「撚寶」、「撚骰子」，或「博三叩」都是家家戶戶、親朋好友間聚賭的賭戲。

新春期間人們喜於賭博，通常都將它視爲無傷大雅的歡樂事，也不再有十賭九輸的禁忌，是一種遊戲，是一種消遣，更是一種營造歡樂氣氛

的賭戲，大伙兒在輸贏的賭局中，得到消遣，獲得歡樂。因此，不管賭資的多寡，大人、小孩似乎都能從賭戲中尋找樂趣。

其實，賭博理應是被禁止的，過年期間賭博，雖然也有警察在取締，但它似乎仍是民間最活躍的消遣活動之一。據說，在清代時也是有賭禁的，只不過，在正月期間，官府基於官民同樂的立場才開放賭禁。所以，官員豪賭、百姓聚賭於廟宇等公共場所的情景是隨處可見的。

在所有的賭戲中，「博三叩」算是最兼具「賭運」與「賭技」的，博即賭的意思，音近似於跋倒的跋，近乎人們擲杯筊的動作。

「博三叩」也就是由參加博戲的人，出等量的錢，將它擺聚成一堆，然後按猜拳或抽籤順序，玩的人每人拿三枚（有的較講究者會用清朝的「孔方兄」，或日本昭和年代的圓孔幣，因其

大小適中重量也恰恰好，利於放於掌中）放置掌中，幣面必須是相同的。

繼之，由掌中平平的往石塊的平坦處，抖落而下，讓錢幣的相同幣面跋落後拍碰石面，幣面或翻轉或不翻轉，輸贏就在翻與不翻之中，翻者便可從賭資中取應得的錢數，如此，博戲者輪番上陣直到賭資用盡，便算終局，如要再玩下去則需重新下注，從頭再來。所以這種賭戲，往往玩了老半天，輸贏卻只有一點點，是鄉間常見賭戲，也是最小兒科的賭法。

「博三叩」的最大樂趣與最大快意，就在於錢幣跋落拍擊石面，落至地面時，等待瞬間翻轉的未知數，以及銅幣跋落時鏗然的碰擊聲，再者，夾雜著聚賭圍觀者的鼓譟吶喊，更是讓賭戲有著難以言喻的激情迷戀，往往有的人都將它當作一種技術來耍玩表演，不再只是「賭勝負，博

輸贏」。

　聽說，有的藝高之人，不僅在石塊上，縱使是在榻榻米或摺疊好的棉被上也能在一博之間讓銅錢子翻轉自如，通常這種賭戲都在野外的竹叢進行爲多，可說是最具濃厚鄉土味道的新春賭戲。

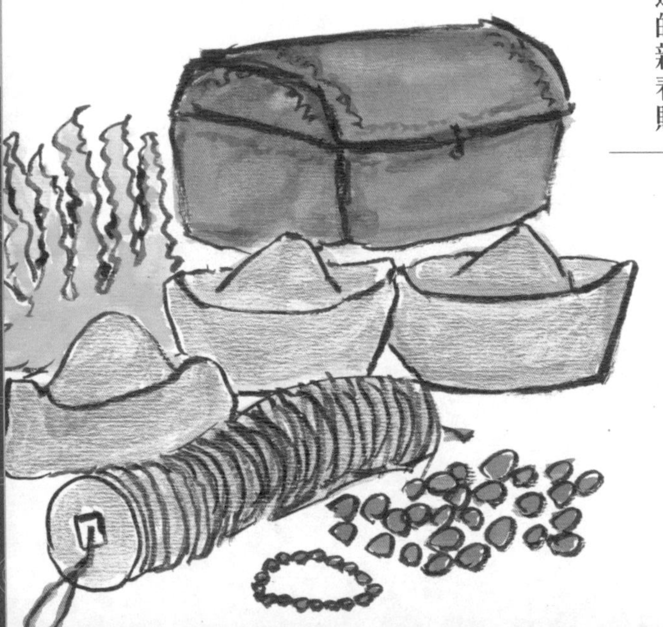

博三叩

二〇〇八年歲次戊子王灝寫

跳火盆

過年時相傳亦有跳火盆的風俗，大多是在圍爐之後守歲之前行事，目前唯有來自泉州南安一帶的先民尚有此項習俗。

一開始時，先把稻草堆在庭中，稻草尾移向神位，兩天前就堆在廳中。

從神前的紅燭火把稻草燃燒，等到火燄衝起，才依序由長輩跳起，而向神位展開兩股跨越而過，嘴裡要念「跳火盆，飼豬較大船」、「跳火氣，百般都不畏」、「跳得過，富不退」、

「新年較好舊年」等吉祥語。

長輩跳過，再由晚輩依序而跳，但女人不得參加，這樣反覆的跳，直到火燄熄滅。不問男女，每個人抓一把火燼放在衣裙裡面，然後家中男子就輪流把殘火撿入衣裙一開一合，送到灶裡遺棄，直到稻灰清除乾淨爲止。

送時要一邊走一邊唸「公擔金，婆擔銀，擔到無塊下，下到阮灶腳[1]下」。所謂「公」就是指土地公，「婆」就是指土地婆，這樣祈求爲的就是希望土地公夫婦能夠賜福，爾後，大人再去守夜，等到十二點過後才起來開正。

其實，跳火盆的風俗並不十分普及，有的人可能連聽都未曾聽過，但它卻是過年時頗具特色的年俗風情，爲的也是在送舊迎新，祈求有好年頭。

過年時不妨向家人倡議來個「跳火盆」吧！體驗一下，不也是十分有趣而又有意義的活動嗎？

[1] 灶腳，也就是廚房。

跳火盆
二〇〇八年
歲次戊子
王灝寫

新正期間，只要家中有供奉神明或放置祖先牌位的人家，除了要供年糕、發粿於神桌上之外，也有供柑塔者。

柑橘是春節不可或缺的祭品之一，而春節期間，親朋好友相訪，也多以柑橘爲禮物。

柑和甘同音，橘諧音吉，都是取吉利之意的；也有人說，神明桌上的柑塔稱之爲「壓年柑」，意即吃甜、好吉象之意。

甚至於也有人將柏枝插入柿子和橘子，供於祖宗靈牌前，取其諧音百事大吉之意。但這種疊柑塔的舊習，已爲忙碌的現代人所淡忘，雖然不是很普遍，卻是蠻有意思的。

疊柑塔
二〇〇八年歲次戊子王灝寫
足楷模

開正

「開正」也就是農曆的正月初一，也稱之爲「開春」，有些地方則稱爲「接神」，意即開新正之始，爲新年揭開序幕。

而新正亦稱爲新春，指的是農曆初一至農曆初五，因此，新正行事便以開正爲開端，此日爆聲連天，家戶門上換新桃，歡樂的氣氛一直到初五隔開才告一段落。

開正的時刻，按年而異，一般都在年底把年貨籌辦完後，根據干支而定，往往農民曆上也都

有「元旦焚香開門」的吉利時刻可供參考。

通常在開正之前，是夜各戶守歲、通宵不眠等待，並在門戶前換貼新春聯，懸紅綵或八仙綵，廳堂點燈，神桌燃燭，神明和祖先牌位前的案桌上，供疊柑塔，供拜各式年糕、清茶、甜茶、雞豬魚肉及米飯。

時至開正，全家燃香點燭祀神拜祖，行三跪九叩拜禮，恭迎新年的到來，有納喜避厲之意。

繼之，燒化壽金、刈（臺音ㄍㄨㄚˋ）金，鳴放鞭炮，因爲開正時刻各戶選擇不一，所以該日鞭炮徹夜此起彼落的響著，眞可謂「爆竹一聲除舊歲，桃符萬戶更新年」。拜後，有的人家就直接到住家附近的廟宇及土地公廟去上香膜拜，然後才上床就寢；有的則喝完甜茶、互道新年恭喜，就去就寢，等到天明才到廟宇及土地公廟去敬神膜拜，但只要於家中完成祀神祭祖的行儀，就算是開正了。

開正
二〇〇八年歲次戊子
王灝寫
意中無我與世同春

打從新年伊始「爆竹一聲除舊歲，桃符萬戶更新年」到正月十五日「是夜元宵，懸燈門首，放花炮，妝故事，遊遍街衢，是爲慶賞元宵。」放鞭炮在過年期間可說是相當頻繁的事。

而在《北京風俗雜詠》中就有「通宵爆竹一聲聲，煙火由來盛帝君；寶炬銀花喧夜半，六街歌管樂升平。」這麼一首詩，在頌詠新年燃放爆竹的景象。

事實上，鞭炮對任何一個人來說都是相當熟悉的，無論是鞭炮的型制或鞭炮聲，都已是人們生活中的一部分。但對於過年而言，放鞭炮可說是從尾牙、祭灶、送神、迎神、開正、隔開、天公生、關老爺生，到元宵節等祀典行儀中都少不了備供品。

其實，鞭炮的前身是爆竹，也就是人們以火來燒烤竹管其爆裂發出「噗、噗、噗」的爆竹聲響，故而意為「爆竹」。而人們之所以要如是做，乃由於人們欲以爆竹來博取安定內心對邪魔惡鬼的恐懼。

在《荊楚歲時記》與《神異經》裡就寫道：漢代的人們俗信西方的一座深山裡，有一身高一尺多的「山燥惡鬼」，只要人們遇之則會大病一場，但此惡鬼卻又深怕爆竹之聲，因此每逢過年時，人們都會以爆竹來驅鬼降魔。

而另一說法則是，傳說中「年」是一種平時身居深山中的凶殘猛獸，每到歲末年終的夜晚定會跑出來吃人，於是人們躲藏以避之，並燃爆竹嚇阻嚇跑牠，到天明人們因而能倖免於被「年」吃掉，便互相道賀，所以才有鞭炮與過年的關係。

因此，放鞭炮除了意謂著驅猛獸、降惡鬼之外，其震耳欲聾、震天撼地的爆竹聲與火紅的場景也增添了過年期間火紅熱烈、歡度新年的氣氛。

但漢代時並沒有所謂的「鞭炮」，縱使在煉丹術盛行的魏晉時期，「鞭炮」也尚未成型，但已有火藥的發明，並且將火藥填充在竹筒中，其爆破的聲響卻比漢代的爆竹更具震撼力，但仍有爆竹的意味。

而真正所謂的「鞭炮」，指的是以紙裹火藥

的鞭炮，那是火藥術與造紙術相當普及的宋代才開始有的，之後並有用引線連成長串者，使之炮聲不絕，謂之爲「爆仗」，當今鞭炮似乎都用成串的「爆仗」來參拜供佛，畢竟，燃放「爆仗」也較熱鬧過癮一些。

所以，放鞭炮的習俗應該是源起於漢代的爆竹，只不過是技術不斷的突破而有「爆竹」與「鞭炮」的差異，但這都是人們驅鬼或敬神的表徵罷了。

到了現代，放鞭炮更成爲喜慶賀喜的行儀，熱鬧的時節、值得慶賀的日子，人們彷彿都少不了放鞭炮的習慣，這已成爲昭告世人家有喜事最直接的方式。

放鞭炮
二〇〇八年歲次戊子
王灝畫

行香

新年當天，有的人家必需起個大早，準備一些雞、豬、魚肉、發粿、甜粿、甜茶、甜料、清茶、柑橘、米飯等供品，到「公廳」（陳列宗親宗族之祖先牌位共同祭拜的宗祠）去向歷代祖先焚香祝禱，或在自家的神明和祖先牌位前點燭焚香上供。

爾後，有的人甚至會到廟宇去上香膜拜；而沒有宗祠或神明、祖先牌位陳設的人家，有的也

會到所信仰的寺廟去拜拜。

大年初一這一天，相傳是元始天尊和彌勒佛的誕生日，同時也是釋迦如來降魔之日。

所以，所有信衆、男女老幼都會穿新衣戴新帽盛裝而出，歡歡喜喜地各自帶著牲禮，或一些甜點、柑橘、金紙、香燭等拜拜用之類的祭祀品，到各寺廟去上供參拜、焚香拜佛，祈求新的一年全家大大小小健康平安、事業發展，或許其他的心願，這就稱之爲「行香」，也就是一般所說的「進香」。

行香

拜正

「拜正」亦即「賀正」、「賀年」，也就是一種禮尚往來相互拜年的習俗。

賀客通常都會拿一大疊用毛筆寫上自己名字的紅紙片，到親友家拜年，主人家照例都要留下一張這種的名片，收下之後，通常會將它貼在家中的牆壁上，以示親友多、人氣旺。但這種自製的名片已被現代樣式的名片所取代，不過有些人仍相信紅紙象徵吉利之意，而喜歡將名字印製在紅紙上❶。

❶《臺灣舊慣習俗信仰》，鈴木清一郎著、馮作民譯，民七十八，頁四三一。

除此之外，新正期間親密朋友或親戚來家裡拜年，主人家則要敬以甜食招待客人。甜食多盛於朱漆木盒或九龍盒內，一般盒內都裝有甜料（甜果）、糖果、餅乾、瓜子等甜食，以示圓滿親密，俗稱「吃甜」。而按照臺灣風俗，客人在拿盒內的甜料時或吃完後，必須互道吉利話，縱使不想吃也要拿取一物以示尊重、恭賀之意。

通常客人都會向主人家說些：「食甜甜乎汝大賺錢」、「食紅棗年年好」、「食甜甜乎你生後生（生兒子）」、「食甜乎你快大漢（快長大）」、或「食甜乎你康健吃百二（長壽之意）」等等臺灣吉祥話。

同時，來賀年的人家若攜有孩童，習慣上會贈以紅包，作爲新年的見面禮，也因此有的大人爲免不好意思則乾脆不帶小孩去拜年，但現今社會已很少有給賀客小孩紅包的習慣了。

然而，新年期間，對於服喪人家則不宜前往賀正，否則，縱使有要事非得去辦也只能在門外交談。

一般來說，拜正一直要持續到初五，且通常都很少以酒宴來招待的，不過以簡單的酒菜來招待客人則時而有之。對臺灣人來說，在正月十五日期間的任何一天款宴親友，稱之為「請春酒」或「春宴」，有些地方則稱之為「會年茶」，而中等以下的家庭「請春酒」，則多半在正月初九玉皇大帝祭典完當夜或初十這兩天完成[二]。

[二] 同[一]，頁四三一。

拜正

二〇〇八年歲次戊子

王灝寫

開正及新正期間，常有歕春之鼓吹隊。三、四人等的小樂隊，一人打鼓，一人敲鑼，一人吹嗩吶，在街上徘徊演奏，沿路挨家挨戶討紅包賺外快。每聽到炮聲，即跑來門口吹吉祥音樂，如天官賜福、滿福天官、滿堂紅等曲牌，吹奏完畢，這戶人家即賞以紅包，為新正期間增加了熱鬧的氣氛。

早期的歕春小樂隊，是由一些從事賤業者或窮人所組成，後來則多半由職業性的「鼓吹班」

● 「歕」，音ㄆㄣ，同「噴」，口含物以氣吹出之意。

專業性音樂團體，以及道士或演木偶者來爲之，到了現在，歕春大都由國術館或角頭的子弟團以「弄獅」㊁的方式來取代。

㊁弄獅，也就是舞獅。

歡春
喜年
歲次戊子 王灝寫
九天日月開
花好月圓人壽
春

從大年初一起的新正期間，除了歕春之外，另有巡迴街內演「八仙慶賀」、「千金送子」等吉祥戲目者，也有單人舞獅、舞麒麟者，這些皆屬討吉利、圖賞紅包者。

另外，還有所謂「搖錢樹」者，也就是乞丐之類的窮人手執以榕樹枝懸掛串紅線的古幣之搖錢樹，挨家挨戶的討紅包，口唱「狀元子舉人孫，一文分生查脯孫（生男孫子）」、「錢樹搖高高，生子生孫中狀元」，或「新正大發財，錢銀滾滾來」等吉句來乞錢。

年戲
二〇〇八年歲次戊子
王灝寫

「新正」又稱「新春」，在新春的年節裡設酒席款宴親朋好友就稱作「請春酒」或「春宴」，有些地方則稱之爲「會年茶」；而前往赴宴就稱爲「請春酒」，也就是「吃春酒」。「食春酒」之日，也就是「請春酒」之日。

由於新春期間瀰漫著歡欣的氣氛，親朋好友都會以賀卡、電話或親往家中恭賀新喜，往往親朋好友中，都會有人倡議要款宴衆親友，閒話家

常，把酒言歡，以活絡彼此良好的互動，增添新年的歡樂喜氣，也因平日大家生活都十分忙碌，彼此都毫無空閒之日，唯趁此新正放假期間，才有閒情逸致能夠將大伙兒團聚在一起。

一般來說，「食春酒」或「請春酒」的日子並不一定，端視主人家邀集而定。通常主人家都先與受邀者商訂好之後，再選擇大家都能到來的那一天設宴款待，大致上都是在農曆正月初一至初十五日之間擇一適當之日大設宴席，但有的人家則會在正月初九祭拜完玉皇大帝後，於當夜就將供品料理來款待客人，或者在第二天的初十這一天才來「請春酒」。然而，「請春酒」大多只是以簡單的酒菜待客，過去是很少用酒席來招待的，只不過是當今的人們普遍都過著豐足的生活，所以才動輒以豐盛之餚宴客。反正，「食春酒」或「請春酒」不在菜餚的豐美與否，卻貴在大伙兒歡聚言歡的氣氛。

食春酒

言筆 歲次戊子 王灝寫

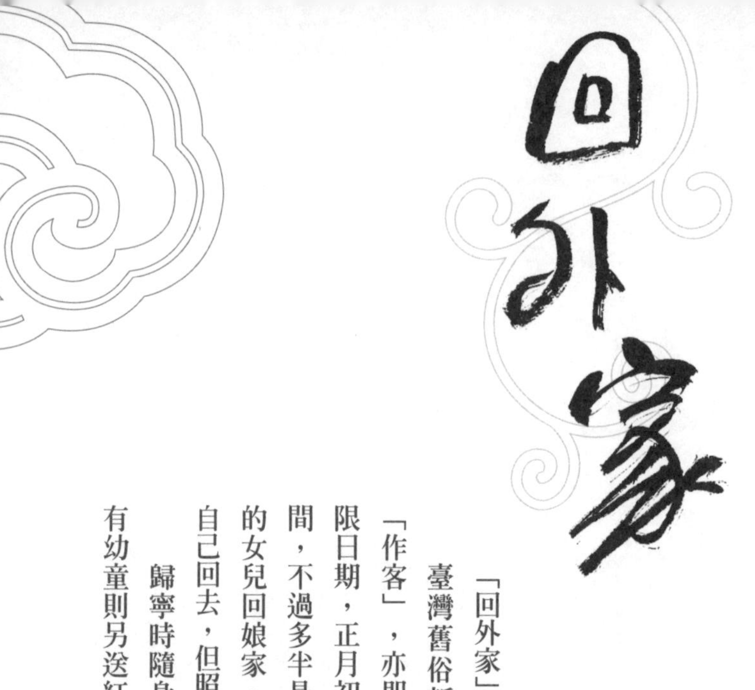

回外家

「回外家」也就是「回娘家」。

臺灣舊俗新娶之媳婦回娘家探親，稱之爲「作客」，亦即所謂的「歸寧」。「作客」本不限日期，正月初二至正月底是一般的「作客」時間，不過多半是在正月十五日以前，且專指出嫁的女兒回娘家，有時和夫婿一起回去，有時僅僅自己回去，但照例是由父母兄弟來婆家接回去。

歸寧時隨身攜帶的禮品謂之「伴手」。娘家有幼童則另送紅包，女兒有孩兒則娘家不是送雞

腿，就是用紅絨線繫古錢掛於孩兒頸上，謂之「結彩帶」。

臺灣俗諺說：「有爸有母初二、三，無爸無母湊擔擔。」所謂的「湊擔擔」就是幫回家作客的人家抬擔子。不過，無爸無母者，新正時作客，也要由弟兄帶回家探視，而臺灣舊俗則稱新正初二爲返外家之日。

回外家

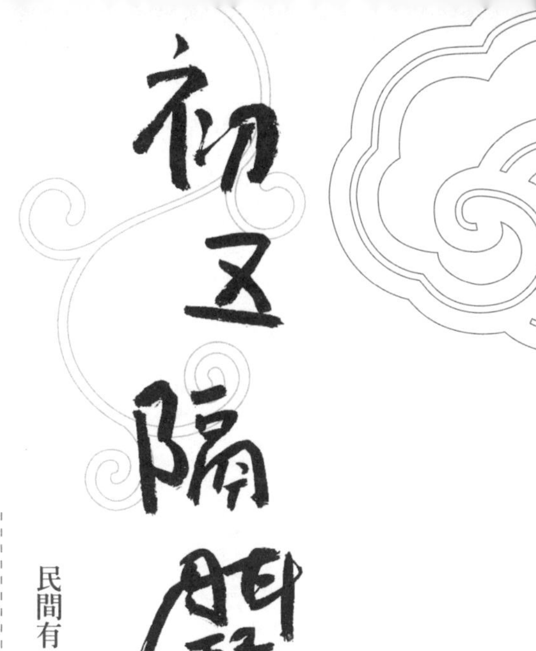

初五隔開

民間有一首〈新年歌〉是這樣寫著：

初一，早（起個大早開正祭拜）；初二，巧（女婿到岳母家拜年，這一天，女婿算是頗為稀巧的賓客）；初三，睏到飽（或說無通巧，此日為赤狗日，大伙兒不外出，乾脆睡個夠）；初四，頓頓飽（餐餐皆飽食）；初五，隔開；初六，挹肥（施肥之意，農家年後恢復工作的開

始）；初七，七元（或稱人日，往昔以吃麵線來意喻延壽）；初八，原全（新年行事告一段落）；初九，天公生（玉皇大帝誕辰）；初十，有食食（拜天公生餘的酒菜，仍可吃到飽）；十一，概概（或稱請女婿，此日稱之為女婿日，概概意即沒啥特別的事）；十二，漏屎（春節天天美食下肚，會有腹瀉的狀況）；十三，關老爺生（也就是關聖帝君誕辰）；十四，月光（元宵前夕，天上月已分外明，亦稱點燈暝）；十五，上元夜（也就是完宵暝）；十六，拆燈棚（元宵過後，拆除花燈花架）。

而歌中所提「初五隔開」，俗稱「開市」或「開張」，亦即所謂撤供的日子，也就是說「新正到此結束，恢復平日的生活」。

事實上，「隔開」代表著新的一年，忙碌生

活就此開始，此日必需把家中神案上的供品予以撤去，且家中也不必再用果糖之類的甜食來招待客人了。而大部分的商家，都會在此日選擇良辰吉時開張，漸漸的開始正式營業，有的則過二十日才開始營業。

由於初五是店家開張營業的日子，通常老闆都會準備一些牲醴、果品、香燭、鞭炮來向關聖帝君祭拜，或設「供案」於店家前與員工同仁一同焚香祈求開張利市，因此，初五當天很多人往往都會在一大早時就被鞭炮給驚醒。

初五隔開

二〇〇八年歲次戊子
王灝寫

鴻成企業社

開工大吉

拜天公

正月初九是玉皇大帝的聖誕，亦即所謂「天公生」。

所謂天公，指的就是本省人最敬畏、信仰最深的玉皇大帝，或簡稱「上帝」，也叫「昊天上帝」及「元始天尊」。「元始天尊」乃道教之別稱，因其信此神爲萬物的原始，是出於諸天之上的至尊之神，也因相傳此神是奠都在天上的玉京，所以亦稱之爲玉皇大帝。

一般民衆深信，玉皇大帝爲至高無上的神靈，因人們最崇敬玉皇大帝，故祭祀的禮儀就和一般的祭典不同，顯得格外莊嚴隆重。

祭祀前夕，全家要齋戒沐浴，且必須要守壽到午夜。從午夜零時起，到當天凌晨四時止，都是舉行祭典的時間，家家戶戶都要在正廳前面，用張桌子搭設一座高的祭壇，上面供有五牲，兩側各用紅線綁上一根甘蔗。

然後，在長凳上疊高八仙桌爲頂桌，下面只舖設祭壇下桌。頂桌供奉三個燈座、五果六齋、紮紅麵線、清茶各三杯，全爲素食品；下桌爲供奉從神，祀敬五牲㊀、紅龜、粿類，不限葷素㊁。午夜以後，全家人穿戴整齊，由長者開始上香行莊重的三跪九叩拜禮、祈福賜財㊂。祭拜完後，就開始焚燒稱爲「大壽」的金紙、天公金、「燈座」，並燃放鞭炮。

㊀五牲，指的是雞、鴨、魚、蛋、豬。

㊁《臺灣民俗》，吳瀛濤者，民八十一：頁四～五。

㊂同上。

只要家中有不滿十六歲的男童，就必需製作和男童年歲相同的「燈座」來焚燒，因爲一般人俗信男子是天公所賜的，所用紙製的燈座來燒，以示對天公的謝意[四]，同時也會請來歕春的小樂隊在門前演奏「扮仙戲曲」以增添熱鬧氣氛。

[四]《臺灣舊慣習俗信仰》，鈴木清一郎著、馮作民譯，民七十八：頁四四八。

拜天公
二〇〇八年
歲次戊子
王灝寫

元宵暝

民間流行的〈新年歌〉，也有人是這樣來詠述正月期間之行事的：

初一，場；初二，場；初三，老鼠娶新娘；初四，神下降；初五，隔開；初六，挹肥；初七，七元；初八，完全；初九，天公生；初十，有食席；十一，請子婿；十二，查某子返來拜（意即女兒歸寧）；十三，食諳糜（「諳」台音

ㄢˋ，煮粥時鍋中上層濃稠狀的粥湯，食諳糜也就是吃粥或吃稀飯）配芥菜；十四，結燈棚；十五，元宵暝；十六，相公生。

因此，農曆正月十五日正是所謂的「元宵節」，亦稱作「上元節」、「燈（爺）節」，俗稱「小過年」，也就是天官大帝的誕辰之日；而十五夜，就稱之爲「上元暝」或「元宵暝」，「暝」亦即晚上、夜晚之意。

相傳，天官大帝是俗稱「三界公」——三官大帝中之一。所謂「三官大帝」，即上元賜福天官紫微大帝、中元赦罪地官清虛大帝、下元解厄水官洞陰大帝的俗稱，簡單的說就是天、地、水三神的總稱，而道教指的三官大帝就是由堯、舜及禹而來的。據說此「三官大帝」皆是奉「玉皇大帝」之命，來到下界治理百姓的。

又按唐代以正月、七月、十月之每十五日爲「三元日」，正月十五日便稱之爲上元，七月十五日稱之爲中元，十月十五日爲下元，也就是分別爲天官、地官、水官三大帝的誕生祭日。

正月十五日這一天，廟裡都會舉辦祈福祭典及花燈大會，爐主或教長會陪同事先招請來的道士，以五牲、果品、酒菜、金錢，一同向神明祈求國泰民安、風調雨順、士農工商繁榮及家畜興旺，並擲筊、祭酒三巡而後燒金，撤供完成祭典儀式。

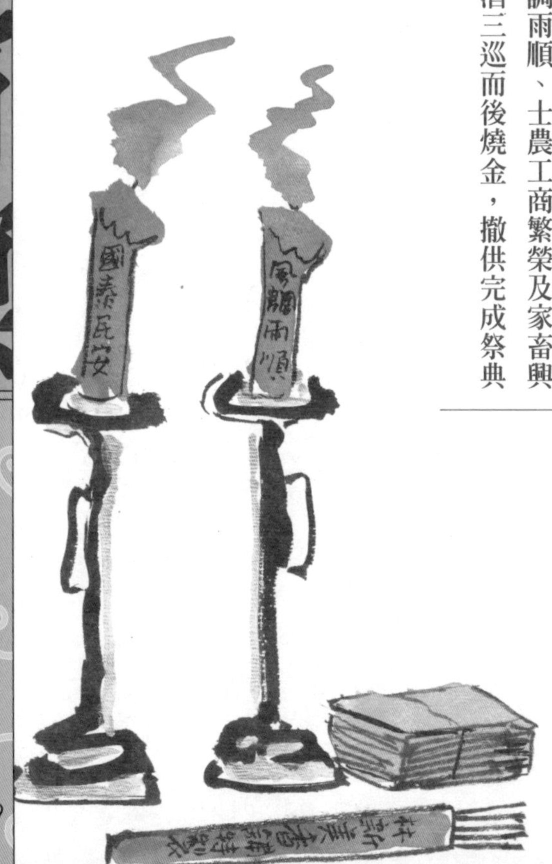

往往信徒也都會在這一天裡前往廟中進香參拜，好不熱鬧，廟宇裡也都會搭結燈棚、高懸彩燈或安設電動花燈，供人前往迎賞，且有猜燈謎的活動。

據說，元宵之日張燈結綵有崇尚光明意，希望月圓光明，社會一片祥和，另一說則爲元宵節乃春節最後一天的休閒日，元宵一過，驚蟄、春分時令的來到，又是農家下田工作時，張燈結綵亦即有爲春節收場並期能來年豐收之意，因此，元月十三日至元月十五日俗稱爲「迎燈」，也就是俗諺說的：「十三點燈起，十五上元宵」。

然而，元宵節當天，家家戶戶也都會吃「元宵」或「湯圓」，有「月圓人團圓，諸事順遂」之意。

其實，有「元宵」、「湯圓」之別，乃在於前者包餡、後者不包餡，北方人甚至於有以餡搖

粉而成且用炸的來吃的「元宵」，但不論「元宵」或「湯圓」，一般都以水煮而食，有甜、鹹之分。

到了晚上，除了到廟裡去賞花燈、猜燈謎（又叫做文虎徵射）之外，最令小孩們歡心的就是「元宵暝，提燈籠」。

以前，有的小孩喜歡拿火把，也就是在竹筒的一端塞破布加汽油點燃的手火把，或者最常見的就是用竹、木、藤或麥桿爲骨架，用紙、絹或其他布料糊裱而成的造型燈籠，裡面點著一根小小蠟燭。

後來，市面上就出現了自動開關的塑膠造型點小燈泡的燈籠，有手執的、拖行的、大的、小的應有盡有，所以，元宵暝對小孩子來說是最興奮的，因爲，大人小孩總是會手牽手、提燈籠一同去逛街夜遊，歡度佳節。

元宵暝
二〇〇八年
歲次
戊子
王灝寫
國泰民安

食頭牙

一般俗信，每月的初二、初十六是土地公的祭日，二月初二是最初的「做牙」亦稱「造福」，所以稱作「頭牙」。而「食頭牙」顧名思義就是在頭牙當天大食酒肉，因此也稱爲「吃犒勞」或「打牙祭」。

「牙」是古代買賣交易時從中賺取佣金的居間人，這種居間人是要向政府繳納規費的，並且要領取「牙帖」，而牙帖也就是牙所所領的憑

票，比如賣魚的人稱「魚牙」，賣豬肉的人稱「肉牙」。牙人其領有牙帖者，要照例輸稅，叫做牙行稅❶。

然而，古代的這些買賣者，都會在每月的朔、望日來相互交換東西，就稱爲「互市」。在互市之前買賣者，也就是商人，都會先拜「福神」，即「福德正神」、「財神」、土地公，祈願「生意興隆，大獲財利」。

繼之，以祭拜土地公的牲醴設宴招待客人和職工，藉以連絡顧客的感情及慰勞佣人的辛苦。這種行事，就是「互祭」。

後因唐代把「互」字寫作「旡」字，後人又把「旡」字寫作「牙」，便稱爲「牙祭」。這也就是所謂「一年夥計酬杯酒，萬戶香煙謝土神」的眞實寫照。

❶《臺灣舊慣習俗信仰》，鈴木清一郎著、馮作民譯，民七十八：頁六四五～六四六

由於食頭牙正值年度伊始，佣人或員工並無被革職或不續聘的憂慮，因此也少了食尾牙時「面憂憂」的情景，似乎大伙兒的心情相較於食尾牙時都輕鬆了許多，正如臺語俗諺所形容的「食尾牙面憂憂，食頭牙撚嘴鬚」那般貼切。

年年有餘

食頭牙
二〇〇八年
戊子歲
王灝寫

附錄

灶神的故事

王灝

農曆十二月廿四日爲民間送神之日。每到這一天，家家戶戶要備辦牲禮供品祭拜衆神，恭送衆神升天述職。在恭送衆神之時，同時也要祭拜灶神，祈求祂上天多言好事，保佑家戶平安。

送神本來是送百神，但自古以來人們卻獨厚「灶君」，那是因爲灶君上天欲言事，是要向玉皇大帝報告人間所見所聞；人們不怕百神卻怕灶神，乃因爲百神縱使法力無邊，也不可能分身挨家挨戶去察查。

但灶君爺就不同了，只因爲他鎮日寸步不移坐守廚房，每一家的一舉一動都瞭若指掌，總有一些事可以提報的。因此人們對待灶君爺也就禮

敬有加，祭灶時除了有車、馬、魚肉佳餚之外，外加老酒及湯圓、米餌、糖豆粥、麥芽糖等既甜又黏的供品，以黏灶君的嘴，甜灶君的口，希望他「上天言好事，下界保平安」，或「上天奏好事，入地降禎祥」。

但是灶神「司命灶君」究竟是誰呢？自古以來也有很多種說法，有人說是顓頊氏之子黎，因爲《周禮》有這一段文字：「顓頊氏有子曰黎爲祝融，祀以爲竈神。」也有人說是蘇吉利及張子郭，因爲《五經異義》裡也有一段文字說：「竈神，姓蘇，名吉利；或云，姓張，名單，字子郭，其婦姓王，名搏頰，字卿忌；」而在《西陽雜俎》裡，則說灶神狀如美女，名叫隗和壤子：「竈神，名隗，狀如美女；又姓張，名單，字子郭，夫人字卿忌，有六女，皆名察洽……一曰竈神，名壤子也；」

而臺灣民間則盛傳灶君是玉帝的第三太子，長得一派斯文，可是天生好色，行爲不檢，因此玉帝大怒，便把他貶下凡間爲竈君。不過他在凡間日夜和婦女們相對，卻很謹愼，沒有什麼緋聞，玉帝大喜，就命令他留在凡間，稽查人的善惡，每年一次上天向玉帝報告，由玉帝制定人們應得的禍福。

因此民間百姓便特別敬畏灶君，祭灶也就格外隆重，宋朝詩人曾有一首〈祭灶詞〉，把人們敬畏灶君的心態描寫得入木三分：「古傳臘月二十四，灶君朝天欲言事。雲東風馬小留連，家有杯盤豐典祀。豬頭爛熟雙魚鮮，豆沙乾松粉餌圓。男兒酌獻女兒避，酹酒燒錢灶君喜。婢子鬥爭君莫聞，貓犬觸穢君莫嗔。送君醉飽登天門，杓長杓短勿複云，乞取利市歸來兮。」

「司命灶君」，也就是「司命灶神」或稱爲

「護宅天尊」及「九天東廚煙主」、「九天東廚司命灶君」，通常簡稱爲「灶神」或「灶君」，臺灣民間通稱爲「灶君公」。而「司命灶君」是古代傳承的神，被列爲五祀之一，「天子五祀，戶一、灶二、中霤、門四、行五也，歲編諸侯大夫與天子同」。

而周朝也把灶君列爲七祀司命之一，所謂七祀司命即「五立七祀，曰司命、曰中霤、曰國門、曰國行、曰泰厲、曰戶、曰一，此所謂司命者，乃七祀之司命。」足見灶君信仰有其源遠流長的歷史。

而灶君之所以被人供奉，又加上「司命」的稱號，是因竈以掌火爲務，掌火就是專司人家的煙火，人非煙火無以熟食，非食無以爲生，因此竈神信仰，乃是出於人類生存的要求而產生的信仰行爲。

上天言好事
司命真君
下地保平安
2008

天公的故事

農曆正月初九日是玉皇大帝的聖誕，俗稱爲天公生。這一天家家戶戶都會祭拜天公，尤其是一些主祀玉皇大帝的天公廟，這一天更是信衆雲集，香火鼎盛。

玉皇大帝或稱爲玉皇上帝、玉天大帝、昊天上帝，也尊稱爲「玉皇大天尊玄靈高上帝」，俗

稱爲「天公」或「天公祖」，或者簡稱爲「上帝」。

本省民間傳說認爲玉皇上帝授命於天子，統轄人間，而且也統轄儒、道、釋三教和其他神仙，以及自然神和人格神。亦即古來所謂的天神、地祇、人鬼都歸其管轄，可以說是神中之神，所以人人都以玉皇大帝爲神中的至尊，又因爲祂是萬物元始的至尊，所以又稱爲「元始天尊」。

關於天公的身世，傳說很多，而且也很難考證。《玉皇經》上有這樣的記載（大意）：相傳上古之世有一王國，稱爲光嚴妙樂團，國王名曰淨德，皇后號稱寶月光，二人年老無子，擔心死後無人可繼承王位，於是命令全國民衆，依照禮儀準備供品，誠心祈求神仙降賜麟子，如此經過半年，依舊不改初衷。有一天夜晚，寶月光王后忽

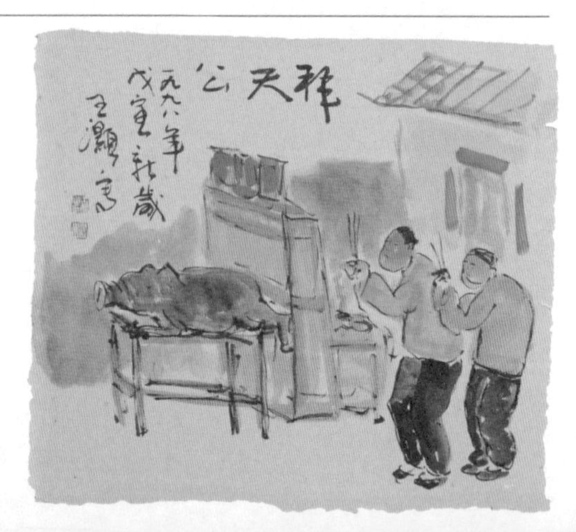

拜天公
2008

然夢見太上老君與衆聖眞駕馭五色龍輿，從天緩緩降臨，當時太上老君手中抱著一個嬰兒，全身的毛孔均發放豪光。皇后見了之後，心生歡喜，跪請老君賜予她此嬰，作爲太子，太上老君答應，皇后乃重重謝過太上老君，太上老君即消失於夢中。

皇后一覺醒來，覺得自己懷孕了，經過一年，乃於丙午年正月初九在王宮生下太子，初生之時，身上寶光發亮，散發於王國中，相貌姣好，人見人愛。

太子自幼聰敏靈慧，長大後慈悲謙和，國中之珍藏財寶，皆施散給孤苦無依之百姓，蒙受恩者不計其數，人人都歌詠，讚頌他的德惠，皆敬佩服從，尊其爲領袖。

有一天淨德國王忽然駕崩，太子於是繼位，繼位之後每於夜深人靜之時，每自反省，覺得人

世變化無常，彷彿一場夢，富貴榮華，宛如水中之月，鏡中之花，如此虛浮不切實際，不如讓位，入山修道。心意決定後乃召來群臣，傳位予有才德的人，然後入於普明香嚴山中，潛心修道。

經過三千二百劫難的修煉，普渡衆生，終而功成，方證得全仙，號曰：「清淨自然覺王如來」。又學習菩薩，頓悟大乘佛理，漸漸進入虛無妙道，如此艱苦修行，又經過億萬苦劫，才證得「玉帝」果位。

有關玉皇上帝的傳說，《雲笈七籤》有這樣一段記載：「三代天尊者十號，八曰天尊，九曰玉帝」而《神通錄》也有這樣的記載：「混沌初開，元始天尊潛修於玉京山，與其所生天元玉女通氣結精，如生天皇氏、地皇氏、人皇氏」，這段記載說明了道教認爲玉皇上帝是人類的始祖，

也是宇宙的主宰，更是民間所認定的至尊之神，因此農曆正月初九的玉皇大帝聖誕，也就備受民間重視。

臺灣各地也都奉祀玉皇大帝的「天公廟」，據統計共有九十三家之多。分布於北中南東四區及澎湖等地，其中以台北縣最多，計有十一家；而台北市有六家，桃園縣四家，新竹縣四家，基隆市兩家，新竹市一家。

中部則以台中縣最多，計有七家。而台中市有四家，苗栗縣四家，南投縣兩家，彰化縣兩家，彰化市及雲林縣五家。

南部以台南縣六家最多，高雄縣五家，台南市四家，嘉義市三家，嘉義縣、高雄市及屏東縣各兩家，屏東市一家，東部以宜蘭縣七家最多，花蓮縣三家，花蓮市、宜蘭市、台東縣及台東市各一家，而澎湖縣則有三家。

2008

臺灣元宵節的民俗活動

王灝

農曆正月十五日爲元宵節，又稱上元節。上元之夜，臺灣俗稱之爲「上元暝」，舊俗這一夜都有「張燈爲戲」之行事，所以又稱爲「燈節」。

關於燈節流傳著這樣一個傳說：兩千年前，佛教傳入我國，第一次月圓的時候，人們都隱隱約約的看到月光下，有一群天神在翩翩飛舞。有一年上元夜，忽然飄來一片浮雲，遮住天空，一

時看不到天神，人們大起恐慌，各個手拿火把，照耀天空，尋找天神。自此而後，雖然再也看不到天神，人們依然不覺厭煩，年年燃著火把來找尋天神，久而久之，就變成一種風俗。

由提火把演變成賞燈，其意義可能有相通之處，但是傳說也只是傳說。有關於賞燈的風俗，則有的記載出現在史書之上，《史記》就有這樣的一段文字：「漢家以望日祀太一，從昏到明。今人正月望日，夜遊觀燈，是其遺跡。」說明了在漢代時已有賞燈之俗。臺灣民間元宵節也盛行燈會，各寺廟更都舉行花燈展，成爲了元宵節主體的民俗活動。

據文獻的記載：「臺省自光復以後，燈節年盛一年，是日家家戶戶張燈結綵，製元宵圓子，先敬神祀祖然後闔家聚食，取人月團圓，慶元宵之樂事。晚上，舉行燈會，提燈遊行，高蹺蓮

風調雨順
國泰民安
王灝
2008

船，表演別緻；龍燈獅子，鑼鼓喧天。月色燈光，交相輝映，絃管笙歌，所到皆同。都邑鄉村，處處熱鬧，士女如雲，歡慶元宵。元宵張燈，以上元爲最盛，故稱正燈。」

由燈延伸出來則還有鑽燈腳的風俗，閩、粵方言燈與丁同音，因此以燈爲丁，未育的少婦，添丁心切，因此元宵之夜上寺廟燒香，在花燈叢中穿來穿去，祈求得子。臺灣俗諺：「鑽燈腳生卵巴」就是指此風俗而言，所謂生卵巴是生男的意思，也就是所謂的「穿燈求貴子」之意。

另外有一種「燒玄壇爺」的習俗，也是臺灣正月十五日元宵夜特有的俗信，早期流行於臺灣各地，近期則盛行於花東，稱爲玄壇爺遊街，或稱之爲「炸寒單爺」。相傳玄壇爺爲趙公明，又名趙玄壇，道家稱之爲「趙元帥」，職司禳災保安，賣買求財，因此被稱爲武財神。

春
元
上
王灝
2008

正月十五日，取其神像安置竹椅，綁上兩根橫木作轎形，叫做椅轎，由四個赤膊壯漢扛抬，鳴鑼遊行。每到商店門口，必燃放爆竹相迎，並且以爆竹燃投壯漢，俗謂玄壇爺畏寒，擲爆竹使抬轎者身體發熱而傳導於玄壇爺身體，這迎武財神之俗，取義於迎神接財，也是鬧元宵中的一種點綴。

關於「燒玄壇爺」另有一種傳說流行於民間，認為玄壇爺即韓單爺，是古代地方上的惡霸，平日無惡不作，欺凌善良，橫行鄉里，里民雖恨之入骨卻苦無良策對付。一年元宵節，有壯士獻計，提議大家假意宴請他，一杯接一杯的敬酒，將他灌得酩酊大醉，然後點燃爆竹齊力猛攻韓單，使其終歸命喪於炮陣之中。

炸韓單爺的活動，相傳日據時期，台北大稻埕、宜蘭頭城鎮安宮、桃園蘆竹五福宮、南投草

屯敦和宮以及花蓮玉早等地都有炸韓單爺的活動，不過日期並不在同一天。光復後僅在花蓮玉里、台東、台北野柳、北投地區仍保存著這項習俗。

臺灣元宵的民俗活動著名的尙有台北縣平溪鄉的放天燈及台南縣鹽水鎮的蜂炮，號稱爲「北天燈南蜂炮」是元宵節兩個重要的民俗活動。

相傳台北縣平溪、十分的天燈源於平溪。十分一帶位處偏遠山區，交通不便開發亦晚，原爲平埔族人之勢力範圍，早期入山開拓之漢人常遭殺害或土匪打劫，墾拓的人們在山區通信不便，乃以放天燈互報平安，因此逐漸演變成當地元宵夜特有的習俗。

而鹽水鎮的蜂炮則源於清光緒初年，因瘟疫肆虐二十餘年，使得鹽水地區田園荒蕪，十室九空，居民於某年關聖帝君祭日，央請關老爺出

巡，獲得應允。居民以事不宜遲，乃於元宵時節以各式陣頭，恭請關公及衆神出巡繞境，沿途並大放煙火炮竹以助聲威，驅逐邪疫，終使瘟疫絕跡。也因此當地人每年都要恭請關老爺出巡，並競放鞭炮，相沿至今，成爲極具特色之鹽水蜂炮盛會，也成爲了每年元宵節最具特色最吸引人的民俗活動。

除了天燈、蜂炮、燈會之外，臺灣元宵節傳統應景的民俗活動尚有攻炮城、乞龜、聽香及偷蔥、猜燈謎等活動及風俗。

攻炮城活動相傳較盛行於客家村。每逢上元節，村中較有財富之縉紳，捐出獎品、獎金，由負責延聘戲團及召集祭拜的籌備人員主持。在廣場上豎立竹竿，高約三丈，上端置一方形鐵桶或木桶，高度可以滑輪調整，鐵桶或木桶四週皆有空洞，桶內置一小串連炮，參加者將點燃的爆竹

投向桶內，如桶內小炮竹被引燃了，將可得到豐盛獎品。

苗栗縣後龍鎮每年元宵的射炮城相傳已有一百多年歷史了，據當地人口傳，後龍射炮城的由來，乃因某年瘟疫流行，後龍人爲求免疫祈求媽姐庇佑，經媽祖指示，於廟前架設「砲城」，要民衆以射炮城驅邪，活動連續三天，因炮竹硝火產生消毒作用，眞的阻遏了瘟疫蔓延，因此當地居民每年援例於元宵節起舉行連續三天的射炮城活動，而且相沿至今，熱烈盛況依舊。

有些地方寺廟則會舉行乞龜活動以慶元宵，龜在傳統中是長壽的象徵，所謂乞龜，是由廟方準備一些麵粉、麵線、花生，或是種種花生，或是種種食物製成的烏龜擺在廟中，這些麵龜於元宵當天，可任由信徒擲筊乞得，乞得者可帶回家供全家吃平安。但隔年元宵時，乞得麵龜者，要

準備一個更大的麵龜供其他信徒求乞。臺灣目前元宵，各地廟宇都有乞龜活動，而且龜的重量逐年倍增，其中又以澎湖馬公天后宮的乞龜活動最具規模，重量最高曾達一萬五千斤，必須用吊車才搬得動，眞是令人嘆爲觀止。

聽香之俗則是那些待字閨中的少女，爲自己終身大事，由她自己或者母姊於上元暝子夜，於神明廳案前燒香燃紙訴說心事，祈求神明指示聽香方向，把聽到的話回來請示神的指點，以卜今年是否能嫁個好丈夫。又如民間諺語：「偷挽蔥，嫁好尪」、「跳菜股、娶好某」也是元宵節之趣事，前者是女孩子想嫁個如意郎君，元宵節晚就得到人家的菜圃去偷拔蔥，後者則是說未婚男生如果想要娶得好太太，在這天晚上就得到菜園去跳菜圃的畦。

當然元宵節最盛行的活動，非「燈猜」莫屬

了。猜燈謎是元宵節最具文化意義的活動，它又叫「文虎徵射」，主辦的寺廟把謎面寫在紙條上，貼於燈下，讓觀眾去猜，猜對者擊鼓三通，以示「通、通、通」，表示猜對了，可以得到獎品。

臺灣有燈謎起自清朝林占梅先生，他於新竹首倡。後巡撫唐景崧又在台北、台南等地大力推行，一時騷人墨客群起響應。

光復後《臺灣民報》由吳春霖、林佛樹兩先生主持公開徵射，之後《全民報》和《聯合報》由陳生文先生主持燈謎，於是燈謎風氣傳遍全省，以迄於今，每逢元宵佳節全省各地，皆有猜燈謎之活動熱烈的舉行。

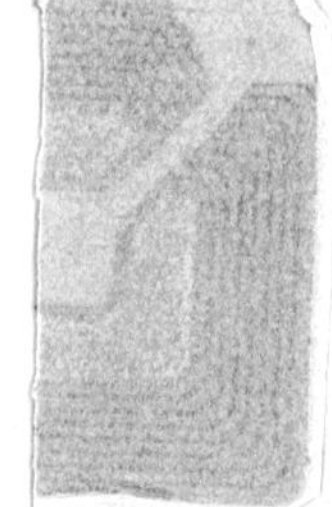

臺灣年俗 新版

2009年1月二版 定價：新臺幣600元
2010年11月二版二刷

著者 邱德宏
繪圖 王灝
發行人 林載爵

視覺統籌設計：宏擘文化志業、郭有亮

出版者 聯經出版事業股份有限公司
地址 台北市基隆路一段180號4樓
編輯部地址 台北市忠孝東路四段561號4樓
叢書主編電話 (02)87876242轉221
台北忠孝門市 台北市忠孝東路四段561號1樓
電話 (02)27683708
台北新生門市 台北市新生南路三段94號
電話 (02)23620308
台中分公司 台中市健行路321號
暨門市電話 (04)22371234 ext.5
高雄辦事處 高雄市成功一路363號2樓
電話 (07)2211234 ext.5
郵政劃撥帳戶第0100559-3號
郵撥電話 27683708
印刷者 文聯彩色製版印刷有限公司
總經銷 聯合發行股份有限公司
發行所 台北縣新店市寶橋路235巷6弄6號2F
電話 (02)29178022

叢書主編 林芳瑜
賴郁婷
特約編輯 邱德宏

行政院新聞局出版事業登記證局版臺業字第0130號

本書如有缺頁，破損，倒裝請寄回聯經忠孝門市更換。 ISBN 978-957-08-3355-3（平裝）
聯經網址 http://www.linkingbooks.com.tw
電子信箱 e-mail:linking@udngroup.com

國家圖書館出版品預行編目資料

臺灣年俗 新版/邱德宏著．王灝繪圖．
--二版．--臺北市：聯經，2009年
152面；17×21.5公分．
ISBN 978-957-08-3355-3（平裝）
〔2010年11月二版二刷〕
1.年俗 2.臺灣

538.591 97021568

		・準備供品：牲醴、甜點、柑橘、金紙、香燭。	
拜正	正月初一起	・禮尚往來相互拜年。 ・主人家須知：準備紅包、及甜果、餅乾、瓜子等不一的甜食。	・不宜前往服喪人家中拜正。
歕春	正月初一起	・三、四人等的小樂隊。	・賤業者或窮人賺外快的方式，同時亦有吉祥、熱鬧的意思。
年戲	正月初一起	・婄正期間巡迴街內演吉祥戲目者。	・意即討吉利。
食春酒	正月初一至十五（或初九、初十當天）	・新年期間親朋好友間的聚會。	・別稱：春宴、會年茶。
回外家	正月初二	・出嫁的女兒回娘家。	・別稱：作客、歸寧。
初五隔開	正月初五	・商家新年過後首次開張營業之日。	・別稱：開市、開張。
拜天公	正月初九	・祭拜對象：玉皇大帝 ・準備供品：五牲、甘蔗、五果六齋、紮紅麵線、清茶三杯、紅龜、粿類、大壽金紙、天公金、燈座、鞭炮。	・別稱：天公、上帝、昊天上帝、元始天尊。
元宵暝	正月十五	・祭拜對象：天官大帝。 ・準備供品：五牲、果品、酒菜、金錢、金紙、鞭炮。	・別稱：上元節、燈節。 ・家家戶戶吃湯圓或元宵。
食頭牙	二月初二	・祭拜對象：福德正神（土地公）。 ・準備供品：同尾牙。	・別稱：同尾牙。

灣新年行

	二十六日 起		
辦年貨	十二月二十五日 至 除夕	・買過年的物品。	
貼春聯	十二月二十九日 或 三十日（除夕夜前）	・將書有吉祥字句的紅紙貼於門上。	・喪家三年內不得貼紅春聯。 ・死者為男性用藍紙，女性用黃紙。
飯春花	十二月二十九日 或 三十日（除夕夜前）	・插在春飯上的剪紙、紙花。	・意即歲歲有餘糧，年年食不盡。
煮長年菜	除夕 至 正月初六	・象徵長壽。	・別稱：芥菜、無心菜、過年菜、隔年菜。 ・可用來驗濕燥。
圍爐	十二月三十日	・辭年聚食之意。	・別稱：吃年夜飯。
分壓歲錢	十二月三十日	・據說意在鎮壓邪祟。	・別稱：分過年錢、分壓年錢。
博三叩	十二月三十日 起	・賭戲的一種。	
跳火盆	十二月三十日	・泉州安南一帶的過年習俗。	
疊柑塔	正月初一 前	・新年期間供奉神明和祖先的供品之一。	・吃甜、好吉象之意。
開正	正月初一	・祭拜對象：神明、祖先牌位。 準備供品：疊柑塔、各式年糕、清茶、甜菜、雞豬魚肉、米飯。	
放鞭炮	正月初一 起	・源於漢代的爆竹。	
行香	正月初一	・祭拜對象：元始天尊、彌勒佛。	・別稱：進香。

臺灣新年行事表

※（以農曆為準）

年俗行儀名稱	日期	內涵	備註
尾牙	十二月十六日	・祭拜對象：福德正神（土地公）與地基主。 ・準備供品：牲禮（雄雞必備）、香燭 土地公；五位碗、經衣、銀紙 地基主。	・別稱：尾牙又稱做牙、打牙祭、吃犒勞。 ・商家需設晚宴。
祭灶	十二月二十三日	・祭拜對象：灶神。 ・準備供品：牲禮、酒果、甜圓仔（湯圓）、米餌、糖豆粥、餳糖。	・別稱：灶神又稱司命、灶君、灶王、灶王爺。
送神	十二月二十四日	・祭拜對象：百神。 ・準備供品：四果、牲禮、金銀紙（壽金）、鞭炮、甲馬。	・正月四日為接神，有所謂「送神風、接神雨」之說。 ・送神早，接神遲。 ・年中家有不幸者不舉行送神。 ・親友間需「送年」。 ・服喪人家不得做年糕，由親友送之。
清黗	十二月二十四日	・乘諸神升天述職不在期間，大掃除。	・別稱：筅黗掃、掃房。 ・年中家有不幸者禁忌清。
賣春聯	十二月二十四日起	・過年街景之一。	
挨粿	十二月二十四日至二十六日起	・用石磨或電動挨粿機製做米漿。	
做粿	十二月二十四日至	・捏揉或包製粿品。